BEI GRIN MACHT SICH IHR
WISSEN BEZAHLT

AF145440

- Wir veröffentlichen Ihre Hausarbeit,
  Bachelor- und Masterarbeit

- Ihr eigenes eBook und Buch -
  weltweit in allen wichtigen Shops

- Verdienen Sie an jedem Verkauf

Jetzt bei www.GRIN.com hochladen
und kostenlos publizieren

Bibliografische Information der Deutschen Nationalbibliothek:

Die Deutsche Bibliothek verzeichnet diese Publikation in der Deutschen National-
bibliografie; detaillierte bibliografische Daten sind im Internet über http://dnb.d-
nb.de/ abrufbar.

Impressum:

Copyright © 2016 GRIN Verlag
Druck und Bindung: Books on Demand GmbH, Norderstedt Germany
ISBN: 9783668659124

Dieses Buch bei GRIN:

https://www.grin.com/document/415852

Lena Eckhardt

Organisationale Wandlungsprozesse und systemische Beratung

Was kann die "systemische Beratung" aus systemtheoretischer Perspektive leisten?

GRIN Verlag

GRIN - Your knowledge has value

Der GRIN Verlag publiziert seit 1998 wissenschaftliche Arbeiten von Studenten, Hochschullehrern und anderen Akademikern als eBook und gedrucktes Buch. Die Verlagswebsite www.grin.com ist die ideale Plattform zur Veröffentlichung von Hausarbeiten, Abschlussarbeiten, wissenschaftlichen Aufsätzen, Dissertationen und Fachbüchern.

Besuchen Sie uns im Internet:

http://www.grin.com/

http://www.facebook.com/grincom

http://www.twitter.com/grin_com

RUPRECHT-KARLS-UNIVERSITÄT HEIDELBERG
MAX-WEBER-INSTITUT FÜR SOZIOLOGIE
SS 2016

Organisationale Wandlungsprozesse und systemische Beratung

Was kann die „systemische Beratung" aus systemtheoretischer Perspektive leisten?

04.10.2016

Referatsausarbeitung für das Seminar „Organisation als System"

Inhaltsverzeichnis

1. Einleitung

Es gibt zahlreiche Organisationstheorien, die den Gegenstand Organisation mit unterschiedlichen Zielsetzungen untersuchen.[1] Ein interdisziplinär viel diskutierter Ansatz ist die Systemtheorie von Niklas Luhmann. Luhmanns systemtheoretischer Ansatz findet vor allem in den Fachbereichen Soziologie und den Sozialwissenschaften viel Beachtung, wird jedoch auch in den Fächern Recht, Psychologie, Pädagogik, Philosophie und Politik behandelt (vgl. von Ameln 2004, S. 161; Kühl 2015, S. 328).

Luhmann beabsichtigt mit seiner Theorie nicht Organisationen als Gegenstand zu definieren, sondern sein Erkenntnisinteresse gebührt der organisationalen Funktionsweise. Organisationen versteht er dabei als soziale Systeme. Die Bewusstmachung dieses Interesses ist hilfreich beim Verstehen der Systemtheorie.

Was ist nun mein Erkenntnisinteresse in der Auseinandersetzung mit der Systemtheorie im Rahmen dieser Arbeit? Mich interessiert die Systemtheorie als Bezugspunkt systemischer Beratung. Die Theorie liefert eine spezielle Sicht auf die Funktionsweise von Organisationen, wodurch das Ent- und Bestehen, aber auch der Vollzug von Wandel und Veränderung nachvollzogen werden kann. Im Rahmen meiner Ausarbeitung möchte ich die Rolle der systemischen Beratung bei Veränderungsprozessen klären und analysieren, welche Möglichkeiten zur Gestaltung und Mitwirkung bei Wandlungsprozessen dieser überhaupt zukommt. Dieser Hintergrund hat mich zu folgender Fragestellung kommen lassen: *Organisationale Wandlungsprozesse und systemische Beratung – Was kann die „systemische Beratung" aus systemtheoretischer Perspektive leisten?* Der soziale Konstruktivismus als zentraler Baustein der Systemtheorie sowie einige der grundlegenden Theorie- und Systemelemente, wie Autopoiesis, lose Kopplung und Evolution beeinflussen die Möglichkeiten und den Erfolg von Veränderungsprozessen. Ziel dieser Arbeit ist es herauszuarbeiten, was Beratung aus systemtheoretischer Sicht für organisationalen Wandel leisten kann. Hierbei werde ich auch auf relevante Termini, wie Autopoiesis, lose Kopplung und Evolution eingehen.

Unter Berücksichtigung des Umfangs einer Referatsausarbeitung habe ich meine Gliederung auf die meiner Meinung nach wichtigsten Aspekte beschränkt. Im zweiten Kapitel werde ich zunächst die Sicht des Konstruktivismus als Basis der Systemtheorie vorstellen. Im ersten

---

[1]So verfolgt die Bürokratietheorie von Max Weber einen Verstehensansatz, während die Transaktionskostentheorie an der Erklärung, in Form von einzelnen abgeleiteten Beobachtungen aus einem übergeordneten Gesamtkontext, interessiert ist. Weitere Theorien sind die verhaltenswissenschaftliche Entscheidungstheorie und die neoinstitutionalistische Organisationstheorie (vgl. Kieser/Walgenbach 2007, S. 31).

Teil des dritten Kapitels werde ich die vorherig gewonnenen Gedanken auf den Einsatz systemischer Beratungswerkzeuge beziehen und erläutern, wie sich der konstruktivistische Gedanke im systemischen Beratungsansatz und den dazugehörigen Werkzeugen niederschlägt. Im zweiten Teil des dritten Kapitels werde ich mit besonderem Bezug auf Luhmanns Evolutionskonzept auf die Möglichkeiten und Bedingungen von organisationalem Wandel eingehen. Im letzten inhaltlichen Kapitelpunkt möchte ich meine eigene Auseinandersetzung mit der Theorie sowie die Gefahr zu starker Simplifizierungen durch die praktische Anwendung in der systemischen Beratungspraxis kritisch reflektieren.

Aufgrund der gegebenen Komplexität der Systemtheorie, die sich unter anderem auch in der von Luhmann verwendeten Terminologie und der Syntax abzeichnet, stellt das Verstehen und Erfassen der Aussage bereits eine Herausforderung dar. Auch wenn ich mich vor allem unter dem Kapitelpunkt 3.1 stärker auf Sekundärliteratur beziehe, bin ich grundsätzlich dem Hinweis meines Dozenten nachgekommen, mich vor allem mit den angegebenen Referenztexten intensiv auseinanderzusetzen.

2. Radikaler Konstruktivismus als Grundstein der Systemtheorie

Konstruktivistische Gedankengebäude lassen sich neben der Luhmannschen Systemtheorie, auch bei Autoren wie George Spencer Brown, Humberto R. Maturana, Heinz von Forster und Ernst von Glaserfeld finden. Niklas Luhmanns Theorievariante erfreut sich dabei jedoch der größten Beliebtheit (vgl. von Ameln 2004, S. 89). Die wichtigste Grundlage für Luhmanns Theorie bildet das Autopoiesis-Konzept von Humberto R. Maturana, das „zweifelslos der einflussreichste Einzelbeitrag innerhalb des konstruktivistischen Denkgebäudes [ist, M.E]" (a.a.O., S. 62). Wichtige Überlegungen, die Luhmann aus diesem Konzept übernimmt, sind die Autopoiesis[2] selbst, das Prinzip der operationalen Geschlossenheit und die Strukturdeterminiertheit sozialer Systeme (vgl. ebd.). Diese Konzepte stellen eine wichtige Grundlage für die systemische Interventionsarbeit[3] dar (vgl. ebd.).

Um den Theorieansatz von Luhmann nachvollziehen zu können, muss der Bezug zum radikalen Konstruktivismus erläutert werden.[4] Die Perspektive des radikalen Konstruktivismus bei Luhmann drückt sich in Anlehnung an den britischen Mathematiker und Psychologen George Spencer Brown vor allem im Beobachter-Konzept aus (vgl. a.a.O., S. 102). Bevor jedoch auf das Konzept der Beobachtung eingegangen werden kann, müssen vorher noch vorbereitende Erklärungen zum Systemerhalt autopoietischer Systeme erfolgen. Im Gegensatz zu früheren Ansätzen „hat die Systemtheorie ihr eigenes Instrumentarium durch Einbau von Selbstreferenzkonzepten weiterentwickelt [...]" (Luhmann 2000, S. 36). Die Beachtung der Umwelt durch das System ist für die Abgrenzung zu ihr notwendig. Die Organisation produziert und reproduziert die System-Umwelt-Differenz dabei selbst innerhalb des Systems (vgl. ebd.). Dieser Vorgang erfordert die Selbstbeobachtung. Jede Beobachtung basiert nach Luhmann auf einer Unterscheidung, die sich nicht am beobachteten Gegenstand, sondern von der Wahl des Beobachters abhängt. Selbstbeobachtung basiert auf der Unterscheidung von Selbst- und Fremdreferenz. Anhand dieser Unterscheidung wird die System-Umwelt-Differenz in das System hineinkopiert („re-entry") (vgl. a.a.O., S. 72). Qua der Fremdreferenz wird die Umwelt konstruiert. Dies bedeutet jedoch nicht, dass das System das gleiche Bild von der Umwelt hat, wie ein externer Beobachter (vgl. ebd.). Erst diese Unterscheidung von System und Umwelt ermöglicht die Existenz des Systems (vgl. a.a.O., S.

---

[2]Der Begriff bezeichnet die Selbstherstellung/Selbstproduktion von Systemen.

[3]Im systemischen Sinne kann unter Intervention dabei „eine zielgerichtete Kommunikation zwischen zwei Systemen mit beabsichtigten Auswirkungen innerhalb des KS, wobei von der (relativen) Autonomie des KS ausgegangen wird" verstanden werden (Königswieser/Hillebrand 2008, S. 36).

[4]An der Entwicklung der Systemtheorie haben viele Autoren ihren Anteil. Ursprünglich sollte die Wirklichkeit mit einer „exakten, logisch-mathematischen Theorie" beschrieben werden (Königswieser/Hillebrand 2008, S. 24). Doch die Ansicht des radikalen Konstruktivismus impliziert das genau gegenteilige Verständnis (vgl. ebd.).

37). Jede Beobachtung hat mit einer Paradoxie zu kämpfen, das System beobachtet sich zwar selbst, kann dies aber nicht im Vollzug der systemerhaltenden Operationen tun. Dieser duale Aspekt der Operationen führt dazu, dass die Beobachtung nicht vollständig ist: „Die Beobachtung selbst ist ihrerseits Operation eines Systems (des Beobachters), woraus folgt, dass auch sie ihrer Anfangsunterscheidung gegenüber blind bleiben muss. Dies ist der ‚blinde Fleck' der Beobachtung im Sinne des radikalen Konstruktivismus" (vgl. von Ameln 2004, S. 103). Hiermit ist die wichtige Grundannahme der Theorie verbunden, dass jede Beschreibung und Beobachtung „auf einer Isolierung bestimmter Objekte beruht" (Luhmann 2000, S. 30). Die Selbstbeobachtungen des Systems dienen einer kontinuierlichen Identitätsbestimmung, wobei die Identität niemals feststehend ist, sondern jeweils als neuer Ausgangspunkt für weitere Bestimmungen genutzt wird (vgl. a.a.O., S. 47). Da sich das System selbst beim Beobachten beobachtet, operiert es auf der Ebene der Beobachtung 2. Ordnung (vgl. ebd.).[5] Systeme können sich also selbst beobachten und beschreiben oder durch andere Systeme fremd beobachtet und fremd beschrieben werden. Beide Formen der Beobachtung stoßen aber an dieselbe erkenntnistheoretische Problematik. Jede Beobachtung basiert auf einer bestimmten Unterscheidung, die der jeweilige Beobachter vornimmt. Aufgrund dieser Unterscheidung sieht der Beobachter etwas Bestimmtes, was ein anderer Beobachter, dessen Beobachtung auf einer anderen Unterscheidung basiert, nicht oder anders sieht. Der Anfangsunterscheidung gegenüber bleibt aber jeder Beobachter blind. Jede Beobachtung verfügt also über einen „blinden Fleck", wodurch kein Beobachter die tatsächliche Wirklichkeit erfassen kann: „[...] ganz zu schweigen von der für keinen Beobachter erreichbaren Welt ‚wie sie wirklich ist' (a.a.O., S. 72). Man darf die Position des radikalen Konstruktivismus aber nicht in dem Sinne missverstehen, dass dieser die Nicht-Existenz der Realität behaupten würde. Die Realität existiert, jedoch entzieht sie sich jeglicher Beobachtung, weil diese immer beobachterabhängig ist und auf subjektiven Konstruktionen über die Wirklichkeit basiert. Da jede Beobachtung einen blinden Fleck hat, gibt es viele Perspektiven auf das Beobachtete. Für die systemtheoretische Beratungspraxis bedeutet dies, dass auch Beratung nie mit dem wirklichen Bild einer Organisation arbeiten kann. Die Realität entzieht sich der Erkenntnis der Berater. Es wird eine bestimmte Realität zwecks Beratungsprozess geschaffen, die jedoch immer beraterabhängig ist, „ob man dies als

---

[5]Eine Theorie, die Organisationen bei der Selbstbeobachtung beobachtet, müsste daher auf der Ebene der 3. Ordnung angesiedelt sein. Hieraus folgt, dass die Theorie Dinge sichtbar machen kann, die das System selbst nicht sieht (vgl. Luhmann 2000, S. 47).

Manipulation oder als Chance für die gemeinsame Schaffung einer Wirklichkeit mit neuen Möglichkeiten versteht, ist eine Sache der Perspektive" (von Ameln 2004, S. 163).

Wie systemische Beratungswerkzeuge mit diesem Sachverhalt arbeiten, werde ich im Folgenden darlegen. Neben der konstruktivistischen Sichtweise, stellt das Autopoiesis-Konzept einen weiteren zentralen Sachverhalt dar, dem die Interventionen Rechnung tragen müssen. Auf diesen werde ich ebenfalls eingehen.

3. Systemtheorie als Interventionsbasis – Folgen für die systemische Beratungspraxis

3.1 Konstruktivismus und systemische Beratungswerkzeuge

Systemische Beratung und die zum Einsatz kommenden Beratungswerkzeuge zeichnen sich vor allem durch den Umgang mit der einen Veränderungsprozess umgebenden Wirklichkeit aus. Die Systemtheorie liefert für die Arbeit der Berater wesentliche Bezugspunkte und wird als eine mögliche These über die organisationale Funktionsweise genutzt. Es gibt also nicht die eine Objektivität und somit auch nicht eine Sichtweise, die vollkommene Richtigkeit beanspruchen kann und deswegen im Rahmen des Beratungsprozesses in den Vordergrund gestellt wird. Vielmehr werden die verschiedenen Sichtweisen, auch widersprüchliche, als bereichernd angesehen und bewusst im Beratungsprozess verarbeitet (Mehrbrillenprinzip)[6] (vgl. Königswieser/Hillebrand 2008, S. 37). Die Annahmen implizieren, dass unter bestimmten Bedingungen etwas passieren oder nicht passieren wird, sodass Abläufe und deren Folgen erklärt werden können. Die Wirkungszusammenhänge spielen bei der Organisationsdynamik eine wichtige Rolle, „weil jeder Eingriff in das System Auswirkungen auf das ganze System hat" (a.a.O., S. 20f.). Das was die Theorie sieht und die Art, wie sie das Gesehene versuchen wird zu erklären, geschieht immer aus der Perspektive ihrer bestimmten Beobachter, also im reflexiven Rückbezug auf sich selbst. Auch jenes Wissen, dass die Theorie selbst aus der Beobachtung erlangt, existiert nicht unabhängig von ihr (vgl. a.a.O., S. 21). Da keine Wirklichkeit Vollständigkeit beanspruchen kann, müssen Berater und Klient für eine Zusammenarbeit im Beratungsprozess eine gemeinsame Wirklichkeit erzeugen. Die Werkzeuge der Hypothesenbildung und der Wirklichkeitskonstruktion bieten hierfür einen Rahmen. Ziel ist dabei nicht, die richtigen Hypothesen zu finden, denn diese entziehen sich sowohl der Erkenntnis der Berater, als auch der des Klienten, sondern jene, die ein Problem am besten zu erklären vermögen (vgl. a.a.O., S. 49). Die gemeinsam erzeugte Wirklichkeit, die sowohl die Klienten- als auch die Beratersicht berücksichtigt, stellt eine wichtige Arbeitsgrundlage für das Vorgehen im Beratungsprozess dar. Auch die ‚systemische Schleife' als Basismodell systemischer Beratung dient der gemeinsamen Konstruktion der Wirklichkeit und dem Herstellen von Zusammenhängen (vgl. a.a.O., S. 45). Das Modell umfasst dabei mehrere Schritte, die iterativ vollzogen werden und so zu einem besseren Verständnis der jeweiligen Sachlage führen sollen. Die Schritte enthalten das Sammeln von Informationen, die Bildung von Hypothesen und die anschließende Planung und eigentliche Durchführung

---

[6]Königswieser und Hillebrand nennen insgesamt 12 Prinzipien. Mit Bezug auf meine Fragestellung werde ich jedoch nicht auf alle eingehen.

der Interventionen (vgl. a.a.O., S. 45). Die Besonderheit liegt darin, dass jeder Schritt jeweils all diese Schritte umfasst, wodurch die einzelnen Schritte von der Informationssammlung bis zur Intervention immer wieder durchlaufen werden. So erfordert die systemische Schleife zwangsläufig eine gemeinsame Reflexionsarbeit von Beratern und Klienten. Jeder neue Ausgangspunkt erfordert einen reflexiven Rückbezug auf die vorangegangenen Schritte. Die gemeinsame Schaffung einer Realität und der Austausch von Selbst- und Fremdbild erzeugen wiederrum neue Ansichten, die dann erneut weiterverarbeitet werden. Unterschiede zwischen Selbst- und Fremdbild entfalten dabei eine irritierende Wirkung im System (vgl. a.a.O., S. 52). Die Irritation erzeugt im System Information, die verarbeitet werden muss. Die innersystemische Informationsverarbeitung kann Entwicklungen ankurbeln und Verhalten maßgeblich beeinflussen (vgl. a.a.O., S. 51).

Durch gemeinsame Reflexionsarbeit von Berater- und Klientensystem[7] können bestehende Gedankenfolgen und Denkweisen überprüft, bei Bedarf korrigiert und/oder modifiziert oder sogar verworfen werden (vgl. a.a.O., S. 50). Dies betrifft die Denkweisen innerhalb des Klienten- und Beratersystems gleichermaßen. Durch die fortwährende Interaktion zwischen Klienten und Beratersystem entsteht ein drittes, sich weiter entwickelndes Berater-Klienten-System (vgl. von Ameln 2004, S. 231). Zur Gestaltung des Beratungsprozesses notwendige Informationen werden erst durch Eingriffe in das jeweilige System gewonnen.

Das „Ziel systemischer Beratung ist es, langfristig, nachhaltige Lern- und Erneuerungsprozesse zu initiieren und zu begleiten, um Systeme (Organisationen) überlebensfähiger, erfolgreicher und effizienter zu machen" (Königswieser/Hillebrand 2008, S. 20)[8]. Systemische Beratungswerkzeuge berücksichtigen die Theorie dabei insofern, als das sie nicht versuchen das System von außen zu steuern oder einen gewünschten Zustand herbeizuführen (Input-Output-Logik). Vielmehr hilft Beratung dem System bei der Selbststeuerung und der Betrachtung dieser aus einem anderen Blickwinkel. Die Instrumente helfen dabei, ein System zu irritieren, es für eine Bearbeitung zu öffnen und so die ‚blinden Flecke' zu reduzieren (a.a.O., S. 52). Systemische Berater verstehen sich dabei als „Impulsgeber, Begleiter auf dem Weg, eine höhere Problemlösungskompetenz des Systems zu entwickeln". Der hierfür zur Verfügung stehende Rahmen liegt jedoch bereits im System

---

[7] Königswieser und Hillebrand verwenden diese Bezeichnung. Unter dem „*Klientensystem* (KS)" verstehen sie die anfragende Organisation, unter dem „*Beratersystem* (BS)" die Beraterorganisation (Königswieser/Hillebrand 2008, S. 36, Hervorheb. d. Königswieser/Hillebrand).
[8] Systemische Beratungswerkzeuge betonen zwar auch die individuelle Ebene, jedoch setzen ihre Werkzeuge auf Gruppen- oder Organisationsebene an, das nur so die Effekte auch Systemwirkung haben können (vgl. Königswieser/Hillebrand 2008, S. 52).

vor (Prinzip der Begrenztheit) (vgl. a.a.O., S. 41). Das Beratersystem bringt dabei vor allem Prozess- und Kontextwissen sowie die für das System wichtige Außensicht mit ein (vgl. a.a.O., S. 37).

Insgesamt geht es beim Einsatz systemischer Beratungswerkzeuge um eine gute Balance zwischen „Verändern und Bewahren", um der Dynamik und Komplexität des Systems Rechnung zu tragen (vgl. a.a.O., S. 28). Letztendlich entscheiden jedoch nicht die Berater über den Verlauf von Veränderungen, sondern das System selbst, wie ich im Folgenden darlegen werde.

3.2 Wandel in autopoietischen Systemen - Bedingungen und Möglichkeiten

Auch wenn die vorgestellten Beratungswerkzeuge Wandlungsprozesse begleiten und das Eigenleben von Organisationen berücksichtigen, entscheiden die evolutionären Mechanismen maßgeblich über den Verlauf dieses Prozesses. Luhmanns Evolutionskonzept[9] bezieht sich auf einzelne Systeme und umfasst die drei Schritte Variation, Selektion und Stabilisierung. Als Variation wird in der Systemtheorie ein (ggf.) einmaliges, zufälliges, aber systemrelevantes Ereignis verstanden (vgl. Luhmann 2000, S. 352). Ereignisse stellen hinsichtlich der Selbstherstellung die wichtigste Einheit sozialer Systeme dar.[10] Hiermit sind die theoretischen Vermutungen von Diskontinuität und ständigem Zufall verbunden, wodurch die Ereignisse auf eine bestimmte Art und Weise miteinander zusammenhängen (vgl. a.a.O., S. 46). Solche Ereignisse entstehen durch unkoordinierte Strukturveränderungen zwischen System und Umwelt (vgl. a.a.O., S. 331f.).[11] Das System schafft sich so die Strukturen, die es zur Selbstorganisation im Rahmen der Autopoiesis benötigt. Jedes Ereignis in autopoietischen Systemen stellt „Überschüsse an Möglichkeiten" her, „damit im nächsten Schritt etwas Passendes ausgewählt werden kann" (a.a.O., S. 46). Die Entscheidung, welches Ereignis jeweils selektiert wird, wird dabei „im Rückblick auf ein schon vorliegendes Ereignis getroffen. Die Unterschiedlichkeit dieser Ereignisse ist die wesentliche Voraussetzung für die Anschlussfähigkeit und somit für die Fortführung der Systemerhaltung (vgl. a.a.O., S. 53). Durch diesen Verarbeitungsprozess werden strukturelle Veränderungen in Gang gesetzt. Damit das System die Resultate aus der gemeinsamen Zusammenarbeit verwenden kann, müssen auch Interventionen immer Anschlussfähigkeit an bereits Bestehendes gewährleisten (Prinzip der Anschlussfähigkeit) (vgl. Königswieser/Hillebrand 2008, S. 41). Vor diesem Hintergrund stellt sich die Frage, wo geeignete Ansatzpunkte für Interventionen in sozialen Systemen liegen. Der Prozess der Selbstherstellung vollzieht sich auf der Ebene der Operationen und realisiert die Dynamik des Systems. Operationen (z. B. Entscheidungen) sind jedoch nicht direkt veränderbar, ihre Existenz impliziert gleichzeitig ihr Vergehen (vgl. Luhmann 2000, S. 331). Durch die so erzeugte operationale Geschlossenheit autopoietischer

---

[9]Luhmanns Evolutionskonzept lehnt den rationalen Anpassungsgedanken der klassischen Managementtheorien und des darwinistischen Evolutionsmodells ab: „Autopoiesis bedeutet Evolution ohne Führung durch Anpassungsverbesserungen" (Luhmann 2000, S. 351f.).

[10]Luhmanns Abänderungen des Autopoiesis-Konzepts haben Folgen für die Ebene der Operationen. Biologische Systeme reproduzieren sich dadurch, dass sie ihre Elemente immer wieder erneuern, aus eben diesen gleichen Elementen. In sozialen Systemen läuft der Vorgang der Selbstherstellung jedoch anders ab. Soziale Systeme bestehen für Luhmann „nur aus Ereignissen, die mit ihrem Entstehen gleich wieder vergehen und nicht durch dieselben, sondern durch andere abgelöst werden müssen" (Luhmann 2000, S. 53, Hervorheb. d. Luhmann).

[11]Davon kann ausgegangen werden, da mit hoher Wahrscheinlichkeit nicht dieselben Entscheidungsprämissen im System und der Umwelt vorliegen.

Systeme, können diese von außen nicht geplant beeinflusst, sondern lediglich irritiert werden (vgl. von Ameln 2004, S. 164). Daher eignet sich nicht die Ebene der Operationen, sondern die Strukturebene als Zugriffspunkt für Interventionen (vgl. Luhmann 2000, S. 331). Diese liefert deshalb einen guten Ausgangspunkt, da sie „sowohl die Grundlage für die Identität als auch für den Wandel des Systems" [darstellen, ME] (von Ameln 2004, S. 107). Welche Veränderungen auf Dauer im System Bestand haben, wird im Prozess der Stabilisierung entschieden (vgl. Luhmann 2000, S. 354).

Das Zusammenwirken der drei evolutionären Mechanismen entzieht sich planbarer und rationaler Zusammenhänge. Vor allem Variation und Selektion sorgen dafür, „dass der „logische, mathematische, technische Zusammenhang von Entscheidungen und Entscheidungsprämissen unterbrochen ist" (ebd.). Die im Rahmen der Variation und Selektion auftretenden Entscheidungsprozesse erzeugen eine nicht-vorhersehbare Zukunft, sodass die Reformer nicht wissen, was künftige Entscheidungen aus diesen machen. Hierdurch werden die Grenzen von Reformprojekten maßgeblich bestimmt (vgl. a.a.O., S. 351). Es ist nicht vorhersehbar, welche Entscheidungen das System als Entscheidungsprämisse festlegt und welche Entscheidungen auf welche Prämissen zurückzuführen sind. Aufgrund dieser losen Kopplung besteht zwischen Entscheidungen und Entscheidungsprämissen kein kausaler Zusammenhang (vgl. a.a.O., S. 342). Jeder Zustand im System wurde durch bestimmte systemeigene Operationen erreicht, die wiederrum aus anderen Zuständen hervorgegangen sind. Es kann nicht vorhergesagt werden, welche Operationen aus einem bestimmten Zustand erfolgen und wie sich vergangene, gegenwärtige und zukünftige Zustände und Operationen aufeinander beziehen werden. Der Versuch dies zu tun, wird der Eigendynamik autopoietischer Systeme nicht gerecht. Das Prinzip der losen Kopplung stellt eine wichtige „Bedingung für Evolutionsfähigkeit" dar, welche die Absicht und das Durchsetzungsvermögen von Planungsbemühungen entmachtet und Planungen den Evolutionsmechanismen überlässt (a.a.O., S. 354). Trotz dieses Mechanismus spricht Luhmann Reformen und den damit verbundenen managerialen Strategien eine gewisse Wirkung zu, jedoch bezweifelt er, dass es sich hierbei auch um die intendierten Wirkungen handelt (vgl. a.a.O., S. 341f.).

Der zeitliche Aspekt spielt für den Reformerfolg ebenfalls eine wichtige Rolle: „Reformen sind im Zeitkontext gesehen, also nichts anderes als Ausdrucksformen einer strukturellen Dynamik, und sie dienen nicht dem Erreichen ihrer Zwecke, sondern der Erhaltung eben dieser Dynamik" (a.a.O., S. 338). Diese Dynamik kommt durch die beiden Zeitpunkte zustande, zwischen denen Reformen verortet werden können, nämlich zwischen Vergangenheit und Zukunft. Beiden Zeitpunkten schreibt Luhmann eine Funktion bezüglich des Reformvorhabens zu: „Das Vergangene ist bekannt. Es ist aber „nur deshalb bekannt, weil das, was vergessen wird, unbekannt bleibt" (ebd.). Dieses Vergessen ermöglicht auch das Vergessen der Gründe für das Scheitern früherer Reformvorhaben und zählt für Luhmann daher „zu den wichtigsten Ressourcen der Reformer". In dem Vergessen liegt die Möglichkeit, das Vorhaben als neu zu verkaufen (vgl. ebd.). Während die Vergangenheit vergessen werden soll, versucht die Reform die Zukunft zu bestimmen. Die Versuche selbst werden zur Vergangenheit und so zum Gegenstand der Beobachtung. Diese Beobachtbarkeit stellt eine wichtige Voraussetzung für Wandel dar. Wandel muss zwingend beobachtbar sein, damit das System auf diesen reagieren und in die Autopoiesis einbauen kann. Ist dies nicht möglich bleibt Wandel folgenlos (vgl. a.a.O., S. 331). Die Beobachtung kann auch rückwirkend erfolgen. Die Zukunft bleibt jedoch weiterhin unbestimmt. Auch weitere Reformen stellen erneute Versuche an, diese zu bestimmen (vgl. ebd.). Über die Zukunft können nur vage Prognosen gemacht werden. Während das Vergessen vergangener missglückter Reformvorhaben die jeweils neuen ermöglichen soll, schützt die mangelnde Prognostizierbarkeit der Resultate die Reform präventiv vor einem Misserfolg, da dieser bereits in der mangelnden Vorhersehbarkeit inbegriffen ist. Die Zukunft wird also auf Basis der Vergangenheit und der Zukunft unter bestimmten Anhaltspunkten konstruiert. Diese Konstruktion macht das Reformvorhaben erst möglich. Es lässt sich festhalten, das sowohl das Vergessen der Gründe für gescheiterte Reformen, wie auch die Unbestimmtheit der Zukunft zwei wichtige Bedingungen zur Durchführung von Reformen darstellen (vgl. a.a.O., S. 338). Das Vorliegen dieser Bedingungen stellt also auch für die Beratungspraxis eine wichtige Voraussetzung dar.

Luhmann sieht Planung zwar kritisch, negiert diese jedoch nicht völlig. Planung kann vielmehr als paradoxe Bedingung für Wandel und als hilfreiche „Vorsorge für Evolutionsmöglichkeiten" gesehen werden (a.a.O., S. 349). Die unzureichenden „Methoden rationaler Änderungsplanung" (ebd.) liefern den Treibstoff für die evolutionären Mechanismen, welche die detailreichen Planungen modifizieren und über ihr Schicksal entscheiden (vgl. a.a.O., 353). Dennoch darf diese Vorsorge nicht als „Planungsempfehlung" missverstanden werden, da dies „doch eine Evolution umfassende und einschließende Rationalität" suggerieren würde (ebd.). Auch Evolution allein stellt für Luhmann aufgrund der Zufälligkeit kein valides Instrument für Wandel dar: „Es kann also nicht darum gehen, auf

Reformen zu verzichten und stattdessen auf Evolution zu setzen" (a.a.O., S. 347). Für Luhmann entscheiden letztendlich nicht die Reformer über den Verlauf und die Ergebnisse der Reform, sondern die evolutionären Mechanismen des Systems (vgl. a.a.O., S. 354). Es lässt sich der Schluss ziehen, dass erst die Kombination aus Reformbemühungen und den evolutionären Mechanismen Wandel in sozialen Systemen realisieren.

4. Fazit und Kritische Würdigung

Die Einflussmöglichkeiten externer Beratung auf die Veränderungsprozesse sozialer Systeme sind begrenzt. Autopoiesis, lose Kopplung sowie die evolutionären Mechanismen verhindern das Herbeiführen gezielter Veränderungen. Aus systemtheoretischer Perspektive kann Beratung ein System für die Bearbeitung öffnen, Raum für verschiedene Sichtweisen schaffen sowie verschiedene Perspektiven und Interessen innerhalb eines Systems offenlegen. Hierin sieht Luhmann auch die Funktion von Reformen (vgl. Luhmann 2000, S. 337). Während der Ist-Stand verschiedene Interessen miteinander vereint, mischen Reformen diesen friedvollen Zustand auf. Sich gegenüberstehende Interessen werden neu entfacht (vgl. a.a.O., S. 335). Dies führt zu umstrittenen Selbstbeschreibungen des Systems, die schließlich in einem Widerstand des Systems gegen sich selbst münden. Hierdurch wird das System irritiert. Irritation bedeutet Information, die im System weiterverarbeitet werden kann. Beratung kann einem System also helfen, ein besseres Verständnis von Realität zu gewinnen (vgl. a.a.O., S. 337). Versteht man Beratung als geplantes Vorgehen, dann wird geplante Veränderung zur Bedingung, damit sich ungeplante und zufällige Veränderung vollziehen kann. Beratung muss dabei die im System immer schon vorliegenden Rahmenbedingungen berücksichtigen. Um neue Reformvorhaben zu ermöglichen, muss ein System einerseits vergangene misslungene Reformen vergessen haben. Andererseits stellt auch die unzureichende Prognostizierbarkeit der Resultate vergangener, gegenwärtiger, wie auch zukünftiger Reformen eine den Wandel ermöglichende Bedingung dar. Reformversuche werden zwangsläufig zu vergangenen Versuchen, wodurch sie beobachtbar werden und vom System in die Autopoiesis eingebaut werden können. Veränderungsversuche und damit verbundene unzureichende Planungen und begangene Fehler liefern einem System Material zur Verarbeitung und regen so evolutionäre Prozesse an. Beratungsansätze, die versuchen, diese Prozesse zielgerichtet von außen zu steuern und bestimmte Veränderungen hervorzurufen, haben mit Bezug auf Luhmann nur geringe Erfolgsaussichten. Luhmanns Verständnis von Wandel und deren Ablauf kann als ein Angebot gesehen werden, um organisationalen Wandel und deren Ablauf zu verstehen. Es ist eine Möglichkeit, die „Realität" in Organisationssystemen zu beobachten und zu verstehen.

Trotz der großen Beliebtheit der Systemtheorie in der Beratungspraxis gibt es auch kritische Stimmen, die dem Theorie-Praxis-Transfer starke Simplifizierungen vorwerfen (vgl. Kühl 2015, S. 332). Ein reiner Transfer sei schon deshalb nicht möglich, da wissenschaftliches Wissen erst re-interpretiert werden müsse, um in der Praxis anwendbar zu sein (vgl. ebd.). So wirken die für die systemische Beratungspraxis „vereinfachten systemtheoretischen

Überlegungen alle griffiger, eingängiger und praktischer als die für den wissenschaftlichen Diskurs geschriebenen systemtheoretischen Urtexte – jedoch um den Preis inhaltlicher Verzerrungen" (a.a.O., S. 331). Auffällig wäre, dass vor allem das Adjektiv „systemisch" inflationär oft genutzt werde (a.a.O., S. 333). So würden Systemtheoretiker selbst gestehen, „dass sie mit vielem, das unter dem Label ‚systemisch' verkauft wird, absolut gar nichts anfangen können" (a.a.O., S. 334).[12]

Grundsätzlich bin ich für eine gegenseitige Bereicherung von Theorie und Praxis. Jedoch muss man vor allem in der Praxis wohl auf die Kompetenz des Anwenders im Umgang mit der Systemtheorie und einen „sauberen" Theorie-Praxis-Transfer hoffen. Aus praktischer Sicht beinhaltet die Theorie viele interessante Ansatzpunkte für die Beratung, aus Sicht des Theoretikers führt diese Anwendung zu einer zu starken Entschärfung und Vereinfachung des eigentlichen Inhalts. Im Sinne des Mehrbrillenprinzips erscheint mir eine Kombination beider Perspektiven für eine anwendungsorientierte Verwendung der Systemtheorie als geeignet. Aus systemtheoretischer Sicht gilt es dabei vor allem das Eigenleben des zu beratenen Systems zu beachten, um ‚radikale Entfremdungen' zwischen der „Beschreibung und dem Beschriebenen" auszuschließen (a.a.O., S. 332). Die größte Gefahr besteht vermutlich darin, dass sich inkompetente Berater mit aus der Systemtheorie kommenden Begrifflichkeiten schmücken, diese für ihre Zwecke entfremden und sich den Umstand zu Nutzen machen, dass Laien eine unzureichende Anwendung nicht als solche erkennen.

Abschließend möchte ich mein Vorgehen bei dieser Ausarbeitung reflektieren. Wie der von Luhmann beschriebene Vollzug von Evolution, verlaufen auch die von ihm verfassten Texte nicht linear. Einzelne Textstellen sind an unterschiedlichen Stellen miteinander vernetzt und erschließen sich erst vollständig, wenn man im Text weiter vorangeschritten ist. Dies erfordert vom Leser immer wieder zu bereits vorangegangen Textstellen zurückzukehren. Hierin kann die in der Theorie implizierte Rekursivität und Anschlussfähigkeit im Text selbst gesehen werden. Um meine Fragestellung bearbeiten zu können, war ein mehrmaliges Lesen der Texte und ein reflexiver Prozess des Verstehens notwendig. Daher komme ich zu dem Schluss, dass „die Theorie nur im Ganzen zu verstehen [ist, ME]" (von Ameln 2004, S. 99). Die Auseinandersetzung mit der Theorie wird meine persönliche Sicht auf die Realität nachhaltig beeinflussen. Die Vorstellung, dass die „echte Realität" für niemanden greifbar ist, erscheint dabei befremdlich und wird mich zu weiteren Überlegungen anregen.

---

[12] Im Kapitel zum Konstruktivismus und den systemischen Beratungswerkzeugen zeigte sich mir diese Problematik ebenfalls. So ist es unwahrscheinlich, dass Luhmann von „systemischer Haltung" oder „systemischer Schleife" sprechen würde.

5. Literaturverzeichnis

Ameln, Falko von (2004): Konstruktivismus. Die Grundlagen systemischer Therapie, Beratung und Bildungsarbeit. Tübingen, Stuttgart: Francke; UTB (UTB Psychologie, Philosophie, 2585).

Kieser, Alfred; Walgenbach, Peter (2007): Organisation. 5. überarb. Aufl. Stuttgart: Schäffer-Poeschel.

Königswieser, Roswita; Hillebrand, Martin; Ortner, Johann (2015): Einführung in die systemische Organisationsberatung. 8. Aufl. Heidelberg: Carl-Auer-Verl.

Kühl, Stefan (2015): Die fast unvermeidliche Trivialisierung der Systemtheorie in der Praxis. Von der Gefahr des systemischen Ansatzes sich in Beliebigkeit zu verlieren. In: Gruppendynamik und Organisationsberatung 2015/46 (3): S. 327–339.

Luhmann, Niklas (2000): Organisation und Entscheidung. Opladen: Westdeutscher Verlag.